官商大鳄
——桑弘羊

◎◎ 主编 金开诚

◎◎ 编著 孟凡慧

吉林文史出版社

吉林出版集团有限责任公司

图书在版编目（CIP）数据

官商大鳄——桑弘羊 / 孟凡慧编著 . 一长春：吉
林出版集团有限责任公司：吉林文史出版社，2010.11（2022.1重印）
ISBN 978-7-5463-4159-0

Ⅰ.①官… Ⅱ.①孟… Ⅲ.①桑弘羊（前152～前
80）–传记 Ⅳ.① K827=341

中国版本图书馆 CIP 数据核字（2010）第 222283 号

官商大鳄——桑弘羊

GUANSHANG DAE SANGHONGYANG

主编/ 金开诚　编著/孟凡慧

项目负责/崔博华　责任编辑/崔博华　刘姝君

责任校对/刘姝君　装帧设计/柳甬泽　王丽洁

出版发行/吉林文史出版社　吉林出版集团有限责任公司

地址/长春市人民大街4646号　邮编/130021

电话/0431-86037503　传真/0431-86037589

印刷/三河市金兆印刷装订有限公司

版次/2010 年 11 月第 1 版　2022 年 1 月第 5 次印刷

开本/650mm×960mm　1/16

印张/9　字数/30千

书号/ISBN 978-7-5463-4159-0

定价/34.80元

关于《中国文化知识读本》

　　文化是一种社会现象，是人类物质文明和精神文明有机融合的产物；同时又是一种历史现象，是社会的历史沉积。当今世界，随着经济全球化进程的加快，人们也越来越重视本民族的文化。我们只有加强对本民族文化的继承和创新，才能更好地弘扬民族精神，增强民族凝聚力。历史经验告诉我们，任何一个民族要想屹立于世界民族之林，必须具有自尊、自信、自强的民族意识。文化是维系一个民族生存和发展的强大动力。一个民族的存在依赖文化，文化的解体就是一个民族的消亡。

　　随着我国综合国力的日益强大，广大民众对重塑民族自尊心和自豪感的愿望日益迫切。作为民族大家庭中的一员，将源远流长、博大精深的中国文化继承并传播给广大群众，特别是青年一代，是我们出版人义不容辞的责任。

　　《中国文化知识读本》是由吉林出版集团有限责任公司和吉林文史出版社组织国内知名专家学者编写的一套旨在传播中华五千年优秀传统文化，提高全民文化修养的大型知识读本。该书在深入挖掘和整理中华优秀传统文化成果的同时，结合社会发展，注入了时代精神。书中优美生动的文字、简明通俗的语言、图文并茂的形式，把中国文化中的物态文化、制度文化、行为文化、精神文化等知识要点全面展示给读者。点点滴滴的文化知识仿佛繁星，组成了灿烂辉煌的中国文化的天穹。

　　希望本书能为弘扬中华五千年优秀传统文化、增强各民族团结、构建社会主义和谐社会尽一份绵薄之力，也坚信我们的中华民族一定能够早日实现伟大复兴！

目录

一、少年时代

　　桑弘羊是我国历史上杰出的政治家、思想家和著名的理财家。他出身于洛阳一个商人家庭，先后协助汉武帝处理政务几十年，从财政经济等具体措施和理论上支持并捍卫了汉武帝的政治主张。他在13岁时就受汉武帝赏识，提拔为侍中，后做到大司农。汉武帝连年对外用兵，又加上他本人纵游幸、营宫室、挥霍无度，以致府库空虚、入不敷出。为了摆脱财政困境，桑弘羊对经济政策进

行改革，主要措施有增加赋税，改革币制，盐、酒、铁官营，均输平准，算缗告缗等，而桑弘羊是参与这些改革政策制定、执行和实施的重要人物之一。汉昭帝时他做了八年的御史大夫，是一位杰出的理财专家。

（一）富冠之地商人之子

洛阳是一座历史悠久的文化和政治

古城。自从周公将其作为东征的根据地之后，洛阳就成了周朝统治天下的军事和政治的中心。周平王东迁后，洛阳的地位也由陪都一跃而成为正式的都城，因而其地位也愈加显得重要起来。秦始皇统一中国后，洛阳也成为秦的领地，洛阳城市的范围也进一步扩大了，成为吕不韦的食邑。所谓食邑，是中国古代诸侯赏赐所属卿、大夫作为世禄的田邑。古代讲究"受民受疆土"，就是说在封赐

土地时，连同土地上的劳动者也一起分封。洛阳不仅是军事政治重镇，同时也是自战国时起就形成的一个商业大市。周公征服殷人后把俘虏的殷人以"顽民"的称号安置在洛阳。周书里的《洛诰》一篇，就是周公对这些顽民的称呼。这些"顽民"是被排斥在政治活动之外的，但是他们总要生存，因而这些人多数都会经商。久而久之，到了战国时期，经商便成为洛阳人的重要职业。中国民间有句话叫做"官商一家"，官商如何成为一家人呢？这乍听起来是不可思议的。在战国时期，一些人经商致富后，就参与了政治活动，逐步步入了朝堂之上。如苏秦、白圭、贾谊等政治家和商人，都是洛阳人。洛阳是当时全国最富裕的地方，经商重财的风气使人们都想经商赚钱继而再进一步谋取其他利益。

桑弘羊就出生在这个富冠之地的一个工商奴隶主家庭。

由于司马迁和班固都没有为桑弘羊立传，所以我们无法知道桑弘羊的详细家世。只知道他出生在洛阳商贾家庭，并且在尚未成年的时候就已荣升为天子的侍从之臣。

由于深受地域和家庭风气的影响和熏陶，桑弘羊从小就对商业经营产生了兴趣，特别是对古代著名的商人白圭、子贡等也十分推崇。但他却没有继承父

业去经商。桑弘羊十分善于心算，这也是他少年得名的原由所在。在大多数人用算筹的时代，一个 13 岁的少年已经擅长心算，这虽然与他出身商人世家有关，但也有天赋在其中。鉴于此，桑弘羊 13 岁便被选为侍中，进入长安宫廷，长期跟随在汉武帝左右。

侍中是在原有官职上进行加官以后的职官，上至列侯、将军，下至太医、郎中，都可以加官为侍中。当了侍中，就可以经常出入禁宫，接近皇帝。在汉代，一般以丞相为首的官僚系统负责处理国家事务，但其中的官员却不可以随便进入宫廷面见皇上。而当了侍中就可以伴随在皇帝左右，因而很受大家重视，成为升官的一个重要途径。但被加官为侍中的，一般都是贵族子弟和著名的儒生，其余的人很难做到。那么，当年仅有13岁的桑弘羊，既非贵家子弟，也非名儒，他怎么能当上侍中呢？大多数学者认为桑弘羊是通过赀（訾）选为郎的。也就是说，是通过买官的手段进宫，然后借助心算

的本领被加官为侍中的。但也有人认为：
很可能少年时期的汉武帝听说了桑弘羊
心算的技能，于是召他入宫伴读。加以
侍中的虚衔，是为了方便他出入皇宫。
西汉时期，为官入仕的途径一般有以下
几种：一种是由官员举荐。而举荐也只
有像郡太守、诸侯王这样俸禄二千石以
上的官吏，才能有举荐的权利，而借此
机会，他们当然会推荐自己的子弟，因此，
桑弘羊不会有这种机会；另一种是拿钱

买官，也就是"入粟补官"，桑弘羊作为商人的儿子，其家庭有能力这样做，他大概就是走的这条路，在他 13 岁的时候，他家就为其花钱买了个侍中。买官这种现象在汉武帝时很常见。被加官为侍中的，往往是一些有才干的青年，如卫青、霍去病、霍光、桑弘羊这些以后的文武大臣，都曾当过武帝的侍中。汉武帝的这些侍中，并不仅仅是帮助他做点身边的琐事，也与他商量一些军国大事，遇

到大臣与他的意见不合时，还常常让他
们出面与大臣们进行辩论。如元朔三年
（前126年），汉武帝为了抗击匈奴的侵
扰，决定在河套筑朔方城，御史大夫公
孙弘多次上书反对，汉武帝就让侍中朱
买臣等人与公孙弘辩论，说服了公孙弘，
使他转变为筑朔方城的积极支持者。

（二）出生问题

桑弘羊是什么时候出生的呢？他究

竟活了多大年纪？这个问题学者们意见不一。有的认为桑弘羊出生于景帝五年（前152年）；有的认为他出生于景帝四年；还有一种认为他生在景帝二年。从有关论述看，这三种观点都依据两条记载：一是《史记·平准书》："（桑）弘羊，洛阳贾人子，以心计，年十三侍中。"一是《盐铁论·贫富》所载桑弘羊的自述："余结发束修，年十三，幸得宿卫，以至卿大夫之位，获禄受赐，六十有余年矣。"这

两条材料都认为桑弘羊 13 岁时开始做官，而他的自述又有着明确的历史年代，乃是在昭帝始元六年（前 81 年）召开的盐铁会议上的发言，所以从逻辑上说，只要能考订出其"六十有余年"的确切年数，由此上推，就完全可以确定桑弘羊的生年。

如果桑弘羊生于汉景帝前元五年（前152 年），在武帝建元元年（前 140 年）

为侍中，汉昭帝元凤元年（前80年）被杀，享年73岁。这样就应了《盐铁论·贫富篇》中桑弘羊的自述了。因为他所说的"六十有余年"，即为13岁服官后"获禄受赐"之年数，而桑弘羊与贤良文学辩论时，为昭帝始元六年（前81年）。由此上溯至武帝建元元年，恰恰为六十年。

马元材在《桑弘羊年谱》一书中认为：桑弘羊生于公元前152年，如果把"六十有余年"理解为"谈话时约略之词"，实际只有六十年。"不必真有六十几岁，始可谓之六十余年"，这种说法是说不通的。症结就在于忽略了武帝即位是在建元元年的前一年，因而断定桑弘羊年十三进宫是在建元元年。

李运元先生也辨析说：桑弘羊是善于心算的，精于计算数字，因此他所说的年数绝不会含糊夸大，也绝不可能把"六十年"说成"六十有余年"。正因

为如此，所以特在其后加上一个在语法上表"已然之事实"或"言者语意之坚确"的助动词——"矣"字。但即便如此，所谓"六十有余年矣"，究竟是指六十一年还是六十二年，甚或六十三年（由于是考证余年，故六十四年基本没有可能），我们也仍然难以确定。

也有许多学者认为，史书中没有记载桑弘羊侍从过景帝，因而桑弘羊的入仕只能在武帝即位初年。但是我们也可

以这样说：史书也没有记载他侍从过景帝，所以他的入仕也有可能就在景帝时期。王利器先生曾提出："桑弘羊是在汉景帝后二年（前142年）以赀为郎的。"这种看法值得人们重视。

王利器分析道：景帝解除了"市井之子孙亦不得仕宦为吏"之禁令，所以桑弘羊就是在此诏颁布之后"以赀为郎"的。但商贾能否参加赀选，争议就很多了。

更何况，就算是商贾能够参加赀选，在从后元二年五月到十月仅仅四个多月的时间里（汉武帝太初元年以前，历法皆以十月为岁首），也很难完成诏书向全国下达、洛阳接到诏书后予以公布、参加赀选，然后以赀为郎再由洛阳来到长安，最后被任为侍中的全部过程。

问题是，桑弘羊担任侍中时年仅13岁，他的主要任务其实就是侍从皇帝，而并非被作为真正意义的官员。换句话说，桑弘羊的侍中头衔只是让他有一个进入宫廷为武帝陪读的名义而已。因此，桑弘羊的入仕也完全有可能是在景帝时期。

那么，究竟应如何确定桑弘羊的生年呢？如果一定要说桑弘羊出生于何时，我们倾向于景帝二年，即公元前155年。因为从各种情况来看，所谓"六十有余年"，其最大的可能性就是六十一年，当然这不是绝对的。尽管这在很大程度上

仍然是一种推测，但它既符合于人们通常的理解，也与桑弘羊作为执政大臣不能信口雌黄且精于计算的条件相吻合。所以，我们基本上可以把桑弘羊"为侍中"的时间定在景帝后元二年。这样一来，由于我们对"年十三"主张按周岁计，因而再加上十三年，即可以上溯到景帝二年。

（三）匈奴入侵边地不宁

匈奴是中国北方的一个奴隶制游牧

民族，从战国时起就不断侵扰北方边境。当时与匈奴接壤的燕、赵、秦等北方诸侯国为了抵抗匈奴奴隶主贵族的侵扰，曾各自在边界筑起了长城，同时积极备战。赵武灵王"胡服骑射"就是中国历史上著名的抵御外侮的故事之一。秦始皇统一中国后，派蒙恬率三十万大军屯戍北边，并把各诸侯国所筑的长城连接

起来，绵延数千里，这就是著名的万里长城。

秦朝灭亡之后，匈奴乘机作乱。楚汉之际，冒顿单于又趁机掠取河南地，统一漠南漠北，多次扰边。

汉初时，匈奴更加强大，不断侵扰边境，对汉朝形成了很大威胁。为实现领地的扩大和侵略更多的财产，他们与汉朝内部的分裂势力勾结，如燕王卢绾、吴王刘濞都曾勾结匈奴势力一起出兵。
公元前 200 年，韩王信叛乱，高祖亲自率
兵平叛，后大军迎战入侵的匈奴主力，被
冒顿单于困于平城（今山西大同），后失
败而归。实力的落后迫使汉朝做出了"和
亲"的策略，并且每年还要向匈奴赠送
大批金银财物，但是匈奴的侵略并未休
止，气焰非常嚣张，使汉朝损失了大量
的财物。

　　文帝刘恒时，因国力不振，不得不

曲意与匈奴和亲。而匈奴贪婪成性，屡侵汉朝边境。文帝后元六年，匈奴竟大举内寇，深入萧关（今甘肃省固原县东南），烽火几乎达到甘泉宫（宫名，在今陕西省淳化县甘泉山上），举朝上下，君臣俱恐。情势之重，可想而知。汉景帝时期，派御史大夫陶青驰至塞外，与匈奴和亲。景帝前元三年（前154年），国内发生七国之乱，国力更加衰弱。但是，由于实行汉高祖以来的休养生息的政

策，加之文、景两朝的精心贯彻，国力
也在恢复之中。经济逐步得到了恢复和
发展。文帝、景帝时期汉朝实力逐渐加强。
在边境问题上，文、景时期都采取了募
民屯边的政策，运输粮食，差遣人力充
实边关，积蓄抗击匈奴的力量。到武帝
时期，匈奴的扰边行为有增无减，这着
实惹怒了汉武帝。建元六年（前135年），
匈奴又来请求"相亲"。武帝召集大臣
商议对策。大行（官名，负责接待宾客）

令王恢主战。御史大夫（负责监察的官，相当于副丞相，丞相是协助天子处理政事的人）韩安国主和，而大臣们早已习惯了汉初以来的和亲所带来的暂时的安宁局面，于是大多站在韩安国一边。武帝没有办法，只好同意"和亲"。

两年后（元光二年），武帝再次征求对匈奴和战的意见。王恢和韩安国就此又展开了激烈的辩论，最后武帝支持了王恢主战的意见。从此，西汉从武帝起，开始了对匈奴的大举反攻。

凭借汉初七十余年的恢复和发展，武帝制定了反击匈奴的方针。武帝曾征求桑弘羊的意见，桑弘羊说："汉朝有匈奴的存在，就像生了蛀虫的木头。又如生了病的人，如不治病，势必更加严重。春秋战国的时候，各诸侯国间也常常订立盟约，但制定的盟约都不是坚固可靠的，更何况是反复无常的匈奴！只有用武力解决，才能使边境的百姓得到安宁。"

汉武帝非常赏识桑弘羊这番言语，回想自己即位以来匈奴不下数十次的扰边行为，武帝抗击匈奴的决心更加坚定了。武帝使原有的陇西、北地、上郡等三郡恢复了秦时规模，卫青也因此升为长平侯。河南战役解除了匈奴对长安的威胁。从此，西汉的势力从今陕西北部越过鄂尔多斯，沿阴山西进到今乌兰布和沙漠北部。但是其后，匈奴并未停止对边郡

的侵扰，匈奴"数寇盗边，及入河南，侵扰朔方，杀掠吏民甚众"。为确保河南地，汉朝于元朔五年和六年（前 124 年和前 123 年）先后两次反击漠南（蒙古大沙漠以南，这次战役史称漠南大战），出兵攻打匈奴右贤王部和单于主力，匈奴被迫退至大漠以北的苦寒地区，从而巩固了汉朝的统治。同时，这次战役也切断了匈奴东部和西部的联系，为尔后出击河西（今河西走廊和湟水流域）匈奴

和打通河西走廊创造了有利条件。

汉廷通过这两次大规模的战略反攻，构筑了北部边疆的战略防线，开始加强对河南地的经营，采取了积极开发的战略部署。

元朔六年（前123年）汉廷出击匈奴时，赵信降汉，赵信献计单于——诱汉兵继而取之。这也是伊稚斜单于撤兵漠北的目的之一，诱使汉军北进，在漠北予以歼灭。不料，元狩二年（前121

年）汉武帝转而派霍去病率兵两次探入河西，不仅使匈奴的诱兵之计落空，而且还借昆邪王之手杀了休屠王，虏其部众四万余人。于是，汉廷在陇西、北地、上郡、朔方、云中五郡塞外置"五属国"以处之，"陇西、北地、河西益少胡寇"，河西也正式纳入西汉版图。这一范围大约为今甘肃东南部兼庆阳市地带，北接陕西北部。这与河南之战后确定的地域相接，形成牢固的边疆防线。

漠南之战后，考虑到匈奴单于本部及左贤王仍具相当实力，并严重威胁汉朝北部边疆安全的现实，汉武帝决定乘河西新胜之机，加强北线进攻。元狩四年（前119年），汉武帝命令大将军卫青、骠骑将军霍去病兵分两路，大将军出定襄，骠骑将军出代，相约共击匈奴。这就是著名的漠北大战。漠北之战，是汉军在距离中原最远的战场进行的一次规模最大也最艰巨的战役，最终以汉军的全面胜利而告终。这次战役中，共歼灭匈奴军9万余人，使其一时无力渡漠南下，从而出现了"漠南无王庭"的局面。如果说漠南之战后匈奴单于移王廷于漠北可以看做是一种战略转移的话，那么，漠北之战后的"漠南无王廷"则标志着匈奴势力的大范围退缩。危害汉朝百余年的匈奴边患已基本得到解决，匈奴远遁。"汉度河自朔方以西至令居。往往通渠置田官。吏卒五六万人，稍蚕食，地

接匈奴以北"(《汉书·匈奴传》)。从此，
汉朝开始了对西北边疆的大规模经营。

这几次对匈奴的反击也是规模最大
的几次。汉王朝对匈奴战争的胜利，是
在克服了种种困难的情况下取得的，广
大劳动人民也付出了沉重代价。这之中，
最大的困难就是战争经费的不足与短
缺。连年战争增加了西汉政府的财政支
出。作战要有充足的粮草、武器、战马、
人力供应，还要对有战功者进行赏赐及

对士兵的生活安排等等。巨额的财政支
出使汉初七十余年的积蓄很快就消耗殆
尽。汉武帝的理财家们也开始活动，寻
求敛财之路。桑弘羊针对当时的战争情
况，从法家思想中寻求出路，形成了他
独特的财政政策。对抗匈战争的胜利，
桑弘羊也起到了一种独特的作用。

二、为命侍中受命理财

（一）经济思想

汉武帝时期，匈奴的侵扰尤为频繁，但汉武帝的反击也最为有力和彻底。武帝当然知道财政问题是最大的问题。如果没有强大的财政做后盾，战争根本无法进行。于是汉武帝及其理财家们制定了翔实可行的财政政策。这其中桑弘羊就起到了非常重要的作用。他针对当时的战争现状，结合法家思想的实用之处，形成了两个基本的理财思想——即解决财政问题必须贯彻法家的思想和政策，并根据现实情况进行变通。

法家思想在农业方面重视包括家庭纺织业在内的农业的发展。先秦法家提出农战方针，以实现新兴地主阶级富国强兵的要求。在农业政策上废除井田制，发展和巩固封建生产关系，增加农业人

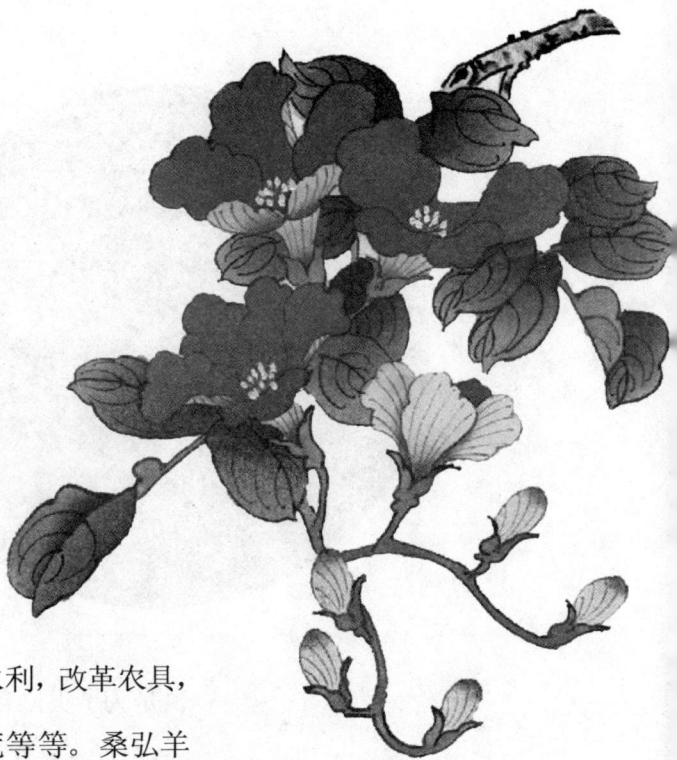

口，限制兼并活动，兴修水利，改革农具，改进生产技术，移民垦荒等等。桑弘羊认为这些政策都很重要，应该继续推行。但是单靠这些还解决不了当前的财政困难，还必须采取更有力的措施。

在经济方面，法家还主张抑商。为什么要抑商呢？因为中国古代是一个农业社会，提倡农业而抑制商业，是治理国家的一个重要方针。法家主张抑商的目的就是为了打击工商奴隶主复辟势力，

也是为了巩固自给自足的自然经济，并保证绝大多数人口从事农业生产，但抑商不等于禁商。另外，桑弘羊充分吸收《管子·轻重》的论点，准备在实际工作中加以贯彻，他认为用商业利润来解决财政困难是很快就能见效的好办法。但是《管子·轻重》夸大了流通过程的作用，这对桑弘羊的财政政策也产生了一定的负面影响。但桑弘羊主要是吸收了它的合理部分。

　　桑弘羊以这些理论为基础，在实践中加以充实和发展，形成了自己独特的经济思想体系。可以说，桑弘羊是先秦至西汉法家经济思想的集大成者。

　　另一个理财思想就是，进一步打击工商奴隶主和地方豪强势力，巩固中央集权的封建统治。这也是西汉王朝建立以来同复辟、分裂势力进行长期斗争的延续。因为，豪强地主把持"山海之利"即矿山海盐这些资源，垄断重要生活、

生产资料盐、铁的生产和流通，这对政府财政收入和普通百姓都产生了极大的影响。著名的铁商卓氏、程郑、孔氏有的"致富数千金"，有的"富至巨万"。他们不顾朝廷的禁令，大量铸造劣质钱币，扰乱市场，获取暴利。文帝时实行自由铸钱政策，吴王刘濞、大夫邓通铸的钱遍布天下，富裕程度甚至超过了天子。而这使得西汉前期的货币制度极其混乱。再加上工商业奴隶主操纵物价、投机倒把，使得朝廷的财政收入减少，严重破

坏了西汉王朝的财政制度，凡此种种，
都说明进一步打击工商业奴隶主、豪强
地主的斗争势在必行。文帝时，晁错已
经揭露了工商业奴隶主势力膨胀以及他
们兼并农民土地所带来的严重社会现象，
指出："今法律贱商人，商人已富贵矣；
尊农夫，农夫已贫贱矣。"就是说，当今
汉朝的法律虽然对待商人很苛刻（如规
定商人不能做官），但是商人却日益富裕，
国家一直以来虽然重视、鼓励农业，但

是农民却愈加贫困。这也说明了限制工商业奴隶主是势在必行的，同时也说明了当时的统治者已意识到了社会存在的严重问题。

工商业奴隶主和地方豪强是西汉前期巩固中央集权和地主阶级专政的主要障碍。因此桑弘羊要把进一步打击这两股势力作为制定政策的重心。

基于这两点，桑弘羊制定了翔实可行的财政政策，当他把自己关于理财的

设想告诉武帝时，武帝非常满意，于是
武帝就把理财的重任托付给他。这一年
桑弘羊 33 岁，入宫已整整二十年了。

（二）白鹿皮币政策

白鹿皮币政策开始于元狩四年（前
119 年）的第一次币制改革。当时，前
任大农令郑当时已被免职，继任者为颜
异。颜异起初为济南亭长，以廉洁正直

著称。他上台不久，山东各地发生水灾，民多饥乏。政府遣使赈发郡国储粮来缓解灾情，但仍然不足，又募豪富相假贷，仍然不能缓救灾情。最后采取移民政策，大量迁徙贫民于陇西、北地、西河、上郡及会稽等地，总共约有七十二万五千口。所有这些人的衣食住行等费用都由朝廷供给。

在政府财政方面，自文帝造四铢钱以来，已有四十余年，虽没有什么改变，但从建元以来，也感到了筹码的缺乏。

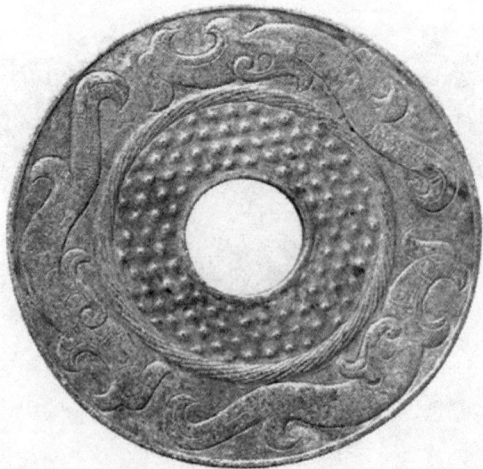

为补救计，往往就一多铜之山，采铜铸造，于是民间盗铸日益成风。那么，何谓白鹿皮币政策呢？白鹿皮币政策，就是对发国难财的大官僚（王侯宗室）要钱的一个具体方法。与"告缗令"为了向发国难财的"富商大贾"要钱的方法相同。原来，汉廷禁苑里养着很多白鹿，而少府则贮藏有很多银锡。在汉武帝召开的御前会议里，明确提出了"更钱造币以赡用，而摧抑浮淫并兼之徒"的议题。于是理财家们制定了一个具体的做法。说

"古者皮币，诸侯以聘享。金有三等，黄
金为上，白金（即银）为中，赤金（即铜）
为下。当今半两钱，法定重为四铢"，但
是由于奸人或摩擦钱上铜屑而使货币失
重，钱轻而物贵"，于是决定用一尺见方
的白鹿皮，周围画上彩色花纹，一张值
钱四十万，规定王侯、宗室朝觐皇帝或
诸侯聘享，都必须用它来垫璧作为礼品。
这实际上是对王侯、宗室强迫征税，是
在统治集团内部进行财产再分配，和劳

动人民没有直接关系，所以只在上层贵族中流通和使用。

白金币用银锡合金制成，有三等：一、圆形龙纹币，重八两，每枚值三千钱；二、方形马纹币，重六两，每枚值五百钱；三、椭圆形龟纹币，重四两，每枚值三百钱。这个政策造成了严重的通货贬值，贬值程度在中国历史上是空前的，它对工商业奴隶主和小生产者都不利。但王侯、宗室可以把自己的损失转嫁到

劳动人民身上。因此，归根到底，这次改革是以劳动人民为掠夺对象的。

（三）盐铁官营

桑弘羊根据自己的理财思想，采取的第一项措施是把灾区七十二万五千贫民迁往陇西、北地、西河、上郡、会稽等郡落户垦荒，移民的衣食都由政府供给，还贷给几年的生活费用。边境移民通过垦荒发展农业主产，增加国家的经

　　济实力和财政收入的同时还与巩固边防的措施相结合。可见桑弘羊的思想是深谋远虑的战略思想。

　　桑弘羊凭借自己的聪明才智从 13 岁开始就在武帝身边做侍中，直到 39 岁出任大农丞时，已当了二十六年的侍中。这期间，由于汉武帝全力发动了对匈奴的战争，动员全国上下所有人力、物力和财力进行斗争，所以国家府库的钱财很快就耗尽了。汉武帝虽有雄才大略，但

苦于匈奴反复无常、不讲信用，签订和约也没有用。从公元前 133 年起，西汉与匈奴的战争便连绵不断地发生了。战争增加了财政支出，动用了国库中大量的钱财，而这也导致了财政危机的出现，使国库面临枯竭的危险。

元狩三年（前 120 年），朝廷派大农令郑当时负责财政。为了弥补财政的亏空，郑当时向汉武帝推荐了山东有名的大盐商东郭咸阳和河南南阳的大铁商孔

仅，武帝任他们担任大农丞，让他们利
用经商的经验和技术负责管理盐铁事务。
具体主张就是通过盐铁收归官营，来增
加国家的财政收入。东郭咸阳是齐国人，
齐国是当时有名的商业区域之一。春秋
时期，齐国即以商业著称于世。咸阳之
所以能成为大煮盐家，也不是偶然的。
孔仅是南阳人，南阳也是当时著名的商
业区域之一。所谓"宛周齐鲁，商遍天下"
的宛，就是指南阳而言。孔氏起先是由

大梁迁移而来的。孔氏在大梁就以冶铁
起家，迁宛后仍继续从事冶铁事业，致
钱数千万。他利用财富，交接王侯，势
力很大，为一方之冠。汉初原来有一条
法令，就是禁止商人及其子孙做官，这
是高祖为了防止工商业奴隶主的破坏活
动而制定的政策。但时间一久，政策就
逐渐被破坏了，尤其是在汉武帝时期。

　　这一年，桑弘羊已经34岁了，由于
他擅长处理经济问题，汉武帝让他帮助

东郭咸阳和孔仅进行盐铁官营的规划。
经过几人的严密规划，制定了详细的实
行措施，即将原属少府管辖的盐铁划归
大农令管辖。从少府到大农令，有一个
这样的区别，即少府负责的是皇室的财
物问题，而大司农是专门负责整个国家
财政问题的官职。这是"大家"与"小家"
的区别。由国家垄断盐铁的生产，不许
私人经营。三人详细讨论后，由孔仅和
东郭咸阳通过大农令颜异上奏武帝说：

"山海天地的宝藏，本来应该属少府，现在陛下不占有它们，交给大农令来增加财政收入。我们建议募民自备费用，让他们向政府领取制盐工具煮盐，产品由政府收购，铁器则由政府生产和销售。那些想垄断山海之货以发财致富，奴役盘剥小民，他们反对这种做法的言论我们不必听，敢私自铸铁器和煮盐的，用足钳（刑具）钳他的左趾，没收他的生产工具和产品。"武帝批准了这个建议，派

孔仅和东郭咸阳乘车到全国各地产盐铁
的地区，设立盐铁官营的机构，任命原
来经营盐铁生产的商人为各地官营盐铁
的主管官。但同时，他们也乘机在各地
安插了一批工商业奴隶担任盐铁官。

盐铁官营在财政收入上有相当显著
的效果。《平准书》说："县官以盐铁缗
钱之故，用少饶矣。"后来，在盐铁会议时，
御史也追述说："当此之时，四方征暴乱，
车甲之费，克获之赏，以亿万计，皆应大

司农，此皆……盐铁之福也。"不过此时盐铁官营，似乎还只是做到设立机构而止。而其与均输法发生密切关系及积极作用，成为一整套的财政经济机构则是元封元年（前110年）的事了，也就是孔仅等举行天下盐铁官营之后七年，桑弘羊任命孔仅管理盐铁之时，才得以完全实现。

汉武帝对经营盐铁政策的支持以及孔仅、东郭咸阳和桑弘羊对这一新政策

的执行，在经济上取得了成效。所以这一政策执行三年后，孔仅就升任为大农令，桑弘羊也被提拔为大农丞。大农令是封建政府掌管财政的最高官员，大农丞是他的主要助手，从这时开始，桑弘羊在理财上就显示出他的突出才干，汉武帝对富有政治眼光和经济头脑的桑弘羊非常赏识，经常和他讨论军事和经济问题。桑弘羊越来越受到汉武帝的重用。

汉武帝向桑弘羊征询意见。武帝认

为抗击匈奴之大事，是全国上下有人出人、有力出力的事，尤其在战争不断，军费问题成为首要问题之时。如何解决军费问题？能不能再增加农民的税收呢？面对武帝的疑虑，桑弘羊认为，农民的负担已经够重的了，除了交地税、服劳役外，还要用现钱交纳算赋、口赋、更赋等，如果再加税，他们会不堪重负，从而增加社会的不稳定因素。但问题也接踵而来：军费开支所需要的钱应该去哪里筹集呢？为此，桑弘羊说道："天下有的是钱，有的是生财之道，却不掌握在皇上您的手中；如果把它们拿过来，军费乃至更大的军需就不是问题了。本朝开国以来，实行的都是民间冶铁煮盐的政策，一些大盐铁主垄断了盐铁的生产和买卖，积累了巨大的财富。要增加国家的财政收入，只能从这些富商大贾手中夺回一部分财富。我建议皇上推行盐铁及酒类的官营专卖政策，从富商大贾手里夺回盐

铁的贸易和控制权。这样既可以使国库充盈，又能抑制和打击豪强势力。"武帝非常同意桑弘羊的建议，对他更是加以重用。

汉武帝先任命桑弘羊担任治粟都尉（管理全国粮政的长官），由宫廷到政府实际部门工作；接着又让他出任大农丞，掌管会计事务；后来又让他担任大司农、御史大夫等职务，他的政治生涯达到了

最高峰。

（四）实行算缗

算缗是国家向商人征收的一种财产税，告缗是没收向国家隐瞒财产而进行少缴纳或不缴纳财产税的财产。这两项政策主要打击的对象是大商业者。这也是由于大规模地对匈奴战争，为了弥补财政不足而对工商业者采取的一种筹款

措施。最初提出这个办法的是御史大夫张汤，武帝元狩四年（前119年）颁布了推行的法令。但是由于当时的大农令颜异不赞成此事，所以未能认真贯彻执行。桑弘羊出任大农丞后，才在全国雷厉风行地加以推行。

按缗计算税额的征税办法是一算二十钱。具体政策是：从事商业的（包括囤积商品暂不出卖的在内）按营业额（囤积商品按商品价值），从事高利贷的按贷款额，每二缗纳税一算；从事手工业自产自销的按出售产品价格，每四缗纳税一算；车船要征通过税，每年每辆一般人纳税一算，商人加倍，船身长五丈以上的纳税一算。凡是经营工商业、高利贷的，不管有没有市籍（商人户口），都要纳税。纳税数额根据自报，隐瞒不报或申报不实的，一经查出就没收全部财产，并发往边疆服役一年。检举揭发

的人，奖给没收财产的一半。实际上，算缗的税率并不算高，只占营业额或商品囤积额的百分之零点五至百分之一，但是工商业奴隶主追求利润的本性决定了他们必然要对此进行破坏。

此外，桑弘羊针对工商奴隶主"以末致财，用本守之"的兼并和复辟活动，规定有市籍的商人及其家属不得占有土地，违反这一禁令就没收他们的土地和农业奴隶。这一政策的实质，是新兴地

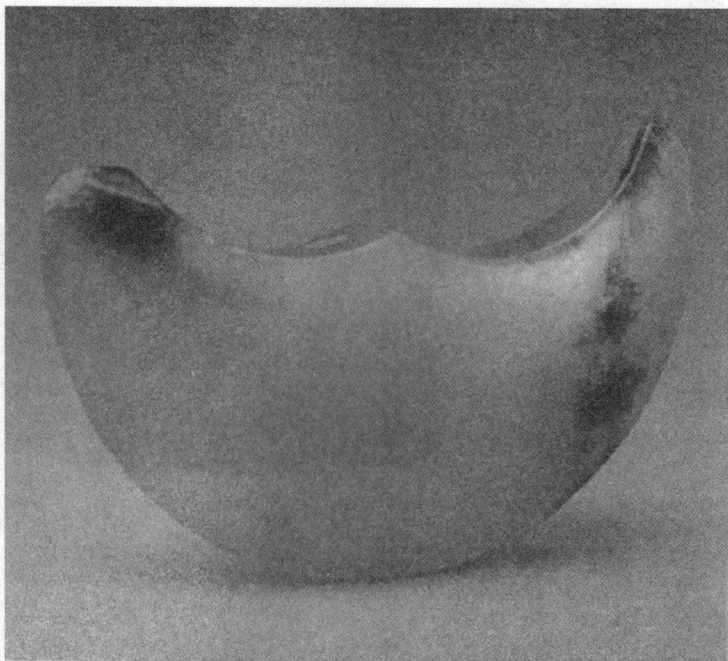

主阶级用政治权力来限制工商奴隶主的
货币权力，这是上层建筑保护自己的经
济基础的一个生动体现。这个政策同理
财并无直接关系，桑弘羊将它作为重要
措施之一，说明他的着眼点不仅仅限于
解决财政困难，而是立足于巩固整个封
建制度。

三、大展宏图事业顶峰

（一）担任农丞实行告缗

汉武帝下诏在全国实行告缗运动是有过程的。告缗令创始于元狩四年（前119年），这道诏令的本意是想鼓励富豪如实上报财产，或如实把财产税缴纳给国家。武帝这样做是受了卜式的行为的启发。卜式曾愿将一半的家产捐给国家，以帮助解决边地战争的费用。元狩四年，

卜式再次捐钱二十万，以助国家徙民实边的费用。因此，汉武帝非常赏识卜式的做法，就拜他为中郎，同时布告天下，让民众都知道这件事情。哪知此后，豪富巨商乃至百姓不但没有人捐献财产帮助国家，而且隐瞒财产、逃缴财产税的现象更加严重。这使武帝大发雷霆。为了与这些工商业者作斗争，元狩六年（前117 年），汉武帝让杨可专门主持告缗的事，发动人们对工商奴隶主逃避算缗的违法行为进行告发。这时作为右内史（管理京师的官）的义纵，认为这是扰民，企图把告缗运动打压下去。于是他站在商人的立场上，指责告缗的人不是好人，公然在京城逮捕杨可的使者，公开和告缗令作对。这件事报告给汉武帝以后，武帝大怒，坚决支持杨可，下令以蓄意破坏告缗为理由，杀了义纵，并将对算缗和告缗持消极态度的大农令颜异撤职并判了死刑。这样，就从政府机构中清

除了推行算缗和告缗的障碍，使杨可得以放手进行。

元鼎元年（前116年），博士徐偃奉派到各地去视察民情，竟假传圣旨使胶东、鲁国恢复自由冶铁和煮盐，明目张胆地同盐铁官营政策唱对台戏。他的破坏活动被张汤揭发，武帝派给事中终军审理此案。终军责问徐偃说："现在国家统一，万里同风，你巡行在国境之内，却说是'出疆'，这是什么话？"徐偃最

后被处以死刑。

由于实行了桑弘羊的财政措施，元狩四年的巨额财政支出基本上有了着落，从物质上保证了这一年对匈奴战争的大胜利。

元鼎二年，武帝升任孔仅为大农令，命桑弘羊接替孔仅的位置任大司农中丞，负责国家财政收支。有了这个正式的财政官职，桑弘羊能更直接地发挥作用。这年十一月，御史大夫张汤因受人

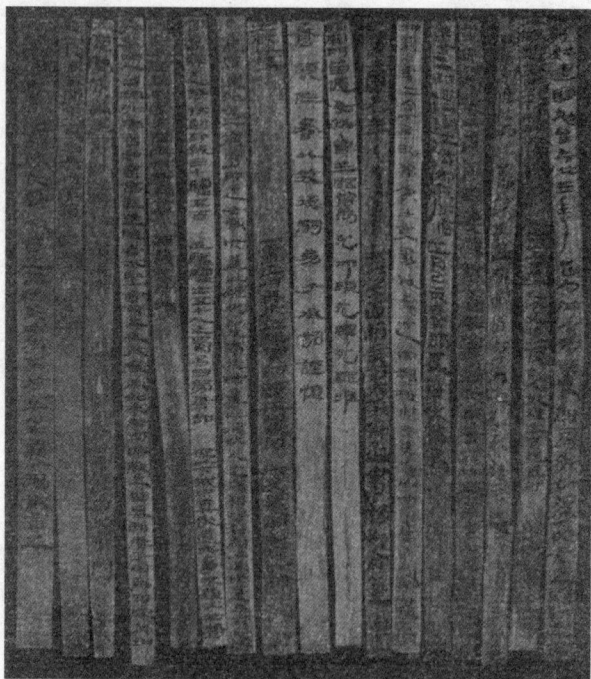

陷害而自杀，这是武帝法家集团的一个重大损失。

桑弘羊当了大农丞后，为了支持杨可把告缗坚持下去，又重申了告缗令。这样，告缗的活动就在全国普遍推行了，"杨可告缗遍天下""中家以上"的工商业奴隶主"大抵皆遇告"。武帝和桑弘羊派遣许多官吏到各地治缗钱，依法没收不法工商奴隶主的财产和奴隶，被没收的"财物以亿计，奴婢以千万数，田大县数百顷，小县百余顷"。据《汉书·地理志》记载，西汉末全国共一千三百一十四县，与武帝时大致差不多。依此推算，没收的土地有几千万亩。没收的土地和奴隶的数量都大得惊人，经过这次告缗，中等以上的工商奴隶主大多破了产。这是西汉王朝对工商奴隶主的致命一击，也是反复辟斗争的重大胜利。工商奴隶主的经济实力基本上被摧毁，复辟奴隶制

的社会基础受到了一次大扫荡。经过这次轰轰烈烈的告缗活动，汉朝政府得到以亿计的财物，中等以上的工商业者纷纷破产，而政府的国库却充实起来，有力地支援了汉武帝的对外战争。

（二）屯田政策

汉武帝时期进行的规模巨大的事件一是发动对匈奴的战争，二就是经济政

策的改革。而后者也是依前者的需要而进行的。

武帝时期的屯田政策还要从张骞出使西域说起。汉武帝时期，西汉王朝达到了鼎盛。而此时匈奴也发展到了十分强大的时期。匈奴控制了天山北麓的西域诸国。冒顿单于骄傲地告诉汉朝皇帝，他已经把射弓的人都并成一家了。

汉代时，敦煌、祁连之间是一块水草丰美的牧野。这里生存着少数民族月氏。西汉初年，匈奴老上单于把月氏王的头骨拿来装酒，并且赶走了月氏。月氏越天山、过大宛，最后征服了大夏，才算重新安定下来。后来武帝听匈奴的降人说，月氏很想向匈奴复仇，但苦于没有帮手。武帝一听，认为这正是联合月氏抗击匈奴的好机会，于是有了公元前138年张骞出使西域的历史事件。我们知道张骞曾两次出使西域。他的第二次出使西域是在公元前119年。目的是

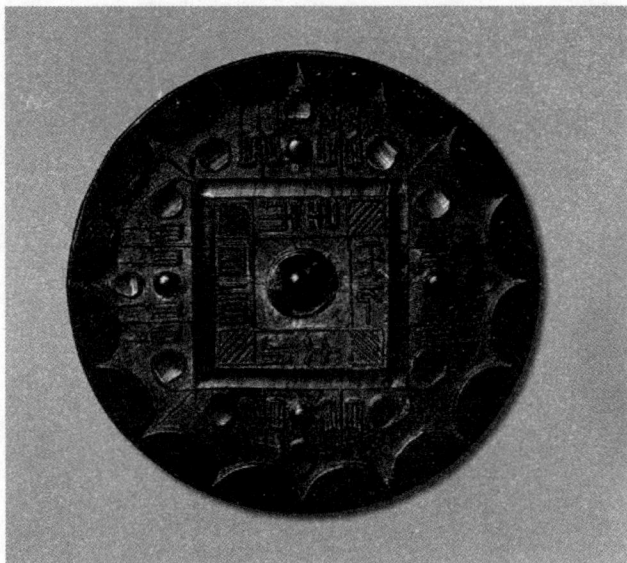

联合乌孙。乌孙也是秦汉时期居于西北的一支少数民族。此次联合乌孙是基于这样的考虑：匈奴的势力已经在汉朝的打击下逐渐衰退，而乌孙又强大起来不肯再侍奉匈奴。汉朝与乌孙联合不仅可以"断匈奴右臂"，还可以招徕大夏等西域诸国。张骞两次出使西域，打通了汉朝同西域的联系通道。从此以后，汉朝开始在西域移民屯田。屯田政策就是因此需要而产生的。汉朝同西域的交通建

立后，每年有大批使臣、商旅行走在这条路上，但是此时河西人烟稀少，物资供应仍然很困难。同时这里常年有不间断的军事活动，后勤供应也是一个问题。因此，征和四年（前89年），桑弘羊提出从河西迁民于西域，扩大西域屯耕的意见。他认为，新疆轮台以东地区有大量可屯垦之地，益种五谷，而且河西人口和经济已初步发展，继续加大屯垦力度已具备了相应的条件。而且，屯田可以供给来往于河西的军队、使臣、商旅。但是武帝此时已到暮年，而且国内的政治经济形势也很不振，已经无力扩大对西域的经营，于是下诏停止。这也是历史上有名的汉武帝"罢轮台罪己诏"。桑弘羊的屯田之策没有得到实施，但是汉武帝的后继者实施了屯田策。在汉宣帝的时候，屯田策在西域地区得以实施。

（三）盐铁官营的整顿和发展

　　桑弘羊自入大农为中丞，创设均输以调盐铁，即有侵入孔仅职权范围的趋势。而告缗令的重申，尤为孔仅所反对。但施行的结果，以均输调盐铁，居然支持了平叛两粤及西羌的军费。而政府方面，也以缗钱盐铁之故，而国用为之少饶。事实胜于雄辩，在武帝眼中，桑弘

羊的分量日益增加，这是无可厚非的。孔仅为大农令，不过两年，即被罢黜，武帝对桑弘羊的信心是坚定的，一切财政经济大权完全操纵在桑弘羊一人手中。

随着盐铁官营的实行，其成效也日益显著，但弊端也日益暴露。由于担任盐铁官的工商业奴隶主的破坏，他们把武帝、张汤、桑弘羊等法家集团准备实行的打击工商业奴隶主的政策，预先泄漏给某些工商业奴隶主，让这些人乘机

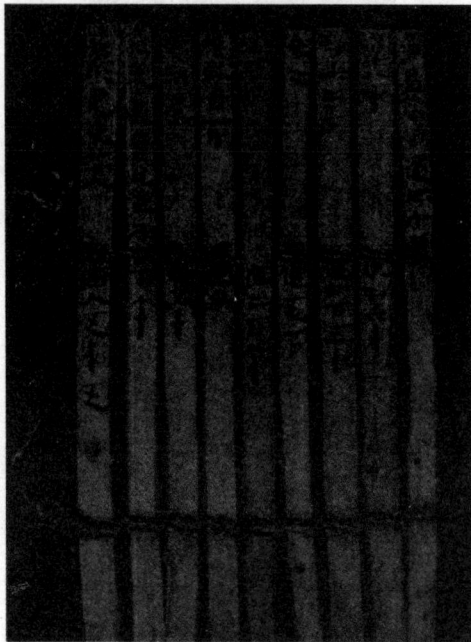

捣乱。另一方面又以盐铁官的身份为掩护，故意制造劣质的铁器，抬高价格，强迫人民购买，破坏盐铁官营的信誉。张汤也因此自杀而死。张汤死后，武帝和桑弘羊才发现问题出在孔仅、咸阳这些人身上。元鼎四年，孔仅被免去大农令一职。元鼎六年，孔仅和东郭咸阳同窃取御史大夫要职的卜式勾结在一起，开始抨击盐铁官营政策。武帝当机立断，于次年（元封元年，前110年）贬卜式为太子太傅，罢掉孔仅和东郭咸阳的官职，提升 43 岁的桑弘羊为治粟都尉（也叫搜粟郡尉），兼领大农丞，总管财政经济工作。

由于盐铁官营政策存在上述缺点，执行得也不够彻底。因此，桑弘羊为治粟都尉兼领大司农之后，就在原有的基础上对盐铁官营问题进行了整顿。据《汉书·地理志》记载：全国有二十七个郡

设置盐官，共有盐官三十六处；铁官在四十郡中有四十八处。当时盐官的分布，在东北远至辽宁的盖县，西南至云南的安宁，西北达内蒙的河套西北，南抵广州，东南到浙江的海盐。分布之广，规模之大，都是非常罕见的。

官营盐铁业中的主要生产者是民、卒、徒、佣工、工匠等，主要由政府自备资金。具体做法是，由官府招募民间百姓从事煮盐，官府供给煮盐用的器具，

并按煮盐数量给生产者以佣钱，这其中也包括口粮，产品全部由官府统销。

据《盐铁论·禁耕篇》记载：煮盐冶炼的地方，大部分都靠近山川，距离非常遥远。各郡服役卒由于无法忍受路途遥远、劳动强度大的状况，往往雇人代替自己服役。而在铁的运输过程中，官府按户口让民户运输铁器，同时故意压低运费。这些民户还要雇佣人代他们送到地点，发给这些人佣钱。费用之大，使百姓深受其苦。

《盐铁论·水旱篇》中记载：盐铁业中，卒、徒是主要生产者，卒是服徭役、兵役的农民。徒是刑徒，是罚服苦役的罪人。刑徒在服役期间不能任意买卖和杀害，在法律地位上是民的一部分。此外，在官营盐铁业中劳动的也有奴婢。如武帝于后元元年（前 88 年）让赵过推行代田法，就曾在盐铁业中安置了奴婢从事劳动。

总之，武帝官营盐铁之后，官营盐

铁业中的劳动者是服役的卒、刑徒和招募的民、佣工、工匠。虽有奴婢，但奴婢不是主要力量。

盐铁官营大大缓解了财政困难。在元封元年桑弘羊为治粟都尉兼领大农丞。在此之前的元鼎五六年间，汉朝大举出兵匈奴，耗费军用物资巨大，但这些钱财物资都靠盐铁官营等经济改革的收入而解决了。在增加财政收入的同时，也打击了分裂割据势力。诸侯王凭借对

海盐矿山等资源的垄断，煮盐铸铁，经济势力膨胀，收买人心，势力壮大，终将导致叛乱。而盐铁官营，则有助于削弱诸侯王的经济势力，使其无法与中央抗衡和发动叛乱。

但是，武帝时的盐铁官营也有其失误。盐铁官营是一种垄断性的经营，产品的品种少，而社会需要又呈现多样性，其他各种冶铁业又被禁止，因此无法满足社会的多种需求。另外，官府管理盐铁的官吏多是从盐铁业转化来的，

这些人从中作弊、扰民。这主要表现在：

一、铁器质量低劣，不切实用。农民所用铁器钝弊，致使从事农业的农民所获极少，生活艰难。二、农民购买不便。三、官吏不法。政府为了增加收入，对盐铁的销价定得太高，而质量和品种也有问题，一些官吏又常常强制农民购买，因而增加了农民的负担和不便。桑弘羊对盐铁官营中出现的这些问题，他也是有所认识的。当有人以此来攻击盐铁官营

本身时，桑弘羊就说："这是一个如何选择好盐铁官吏的问题，而不是盐铁官营本身造成的。"

不论如何，盐铁的专卖并不仅仅是一项经济政策，还有着政治意义，因此它才成为西汉政府的一项基本国策。

（四）推行均输平准政策

什么是均输法呢？桑弘羊在盐铁会议上曾做过如下解释：各郡国上交朝廷

的贡品，一律按照当地的市场价格折合成出产的产品，交纳国家后由均输官统一调运到缺乏这些产品的地区出售。这样做使各郡国不用为了贡物而派人四处采购物品，而中央政府也可以借货物的地区差价，从中获得利润。显然，均输法对中央和地方政府都有利，也减轻了百姓的负担，打击了商人的暴利。

这样说来，均输法的本意就是以国

家的力量，将各地的多余与不足之物，灌输而流通之，按桑弘羊的话说就是"多者不独衍，少者不独馑"，从而使"货通其流"。桑弘羊设立均输的重要目标就是要"均有无而通万物"，使"外国之物内流，而利不外泄"，换句话说，就是要以国家替代商人，而实行商业官营。这一方面他继承了父亲的商人传统观点，另一方面也可以说是从他的同乡贾谊的《陈政事疏》中的建议演绎发展而来。

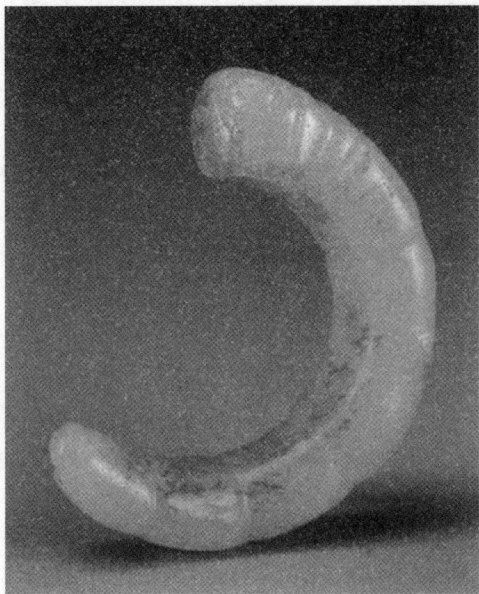

关于均输法的详细内容，也经过了从试办到最终推行的过程。一是元狩五年（前118年）铸五铢钱，孔仅、东郭咸阳提议实行盐铁官营，过了三年，到元鼎二年（前115）置均输。这在《史记·平准书》中有记载。这次的实行还是出于试验阶段。二是元封元年（前110年）桑弘羊为治粟都尉，领大农丞，置均输到了实质性的推行阶段。这一年因为诸官府囤积货物在市场上出售，互相争利，

使物价上涨，而转输所得的货物有时还不够抵偿雇佣工人的运费，所以桑弘羊上书武帝请求设置大农丞数十人，分往各郡国，向各县推行均输法，武帝欣然同意。这样，均输法才得以在全国实行。

这样，均输法与盐铁官营相结合，解决了当时政府的财政危机。均输转贩运来的物资也起到了应急的作用，同时也减轻了偏远地区的运输负担，打击了靠贩运物品发财的大商人。

　　但是，均输政策在执行过程中也存在一些弊病，这就是国家原来是要求把各地的物产运往中央，但执行时却发生了舍弃农民生产的东西，索取农民不生产的东西的现象，同时又设法迫使农民低价卖出自己的货物以满足朝廷的要求。有的郡国还用行政命令让农民做布絮，官吏任意刁难，收购入官。这些情况又加重了农民的负担。

　　总之，均输、平准是国家通过垄断

商业活动增加收入以解决财政困难的办法。虽然有其积极作用，但执行过程中出现种种弊病也在所难免。

（五）纳粟买官或赎罪

桑弘羊在制定并实施强有力的盐铁官营、均输平准等经济政策之外，还发展了纳粟买官或赎罪的办法。汉代的卖爵、卖官、赎罪等措施在武帝以前就实

行过。即准许纳粟免徭役或免告缗，依
据不同对象而定：官吏纳粟可以补官，
罪犯纳粟可以赎罪，一般人民纳粟可以
免除终身徭役，商人纳粟可以免除告缗。
纳的粟输送到太仓、甘泉仓（在今陕西
洛河北）和边郡贮存。这一政策实行仅
一年，太仓、甘泉仓就贮满了粮食，边
郡也有了余粮。纳粟政策有利有弊，它
使国家在不增加田赋的情况下掌握了更
多的粮食备战御荒，还有助于提高粮价，

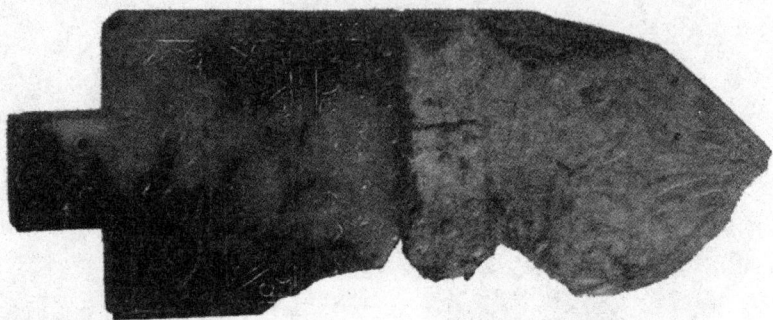

防止谷贱伤农，促进农业生产的发展。但它对缺粮的贫苦农民不利，而且在一定程度上违背了任人唯贤的法家路线，并使罪犯和工商奴隶主残余势力有空子可钻。

卖爵赎罪的制度始于汉初。买爵三十级免死罪对国家来说，这除了是一种政德外，还可以得到一笔收入，有利于解决当时的财政困难。

文景之时卖爵赎罪制度又有发展。晁错说："招募天下人入粟买官，可以得

到爵位。也可以免罪。"文帝接受了晁错
的建议，下令规定："入粟于边，六百石
可为上造（上造是第二等爵），再加四千
石就可以成为五大夫（第九等爵），一万
两千石可以为大庶长（第十八等爵）。各
个爵等的高低完全按入粟多少来决定。"
文景时期的卖爵与惠帝时期相比，是有

所不同的。如惠帝时卖爵以钱计，文帝时是按二十等级制卖爵。惠帝时卖爵级别有三十级，一级两千；文帝时期是按二十等爵制卖爵，从二等爵上至九等爵五大夫，相差七级，每级平均差484石。从五大夫至十八等级爵差九级，平均每级差888石，可见文帝时卖爵，卖的级别越高，差价也就越大。惠帝时仅能卖爵赎罪，文帝时卖爵不仅可以赎罪，还

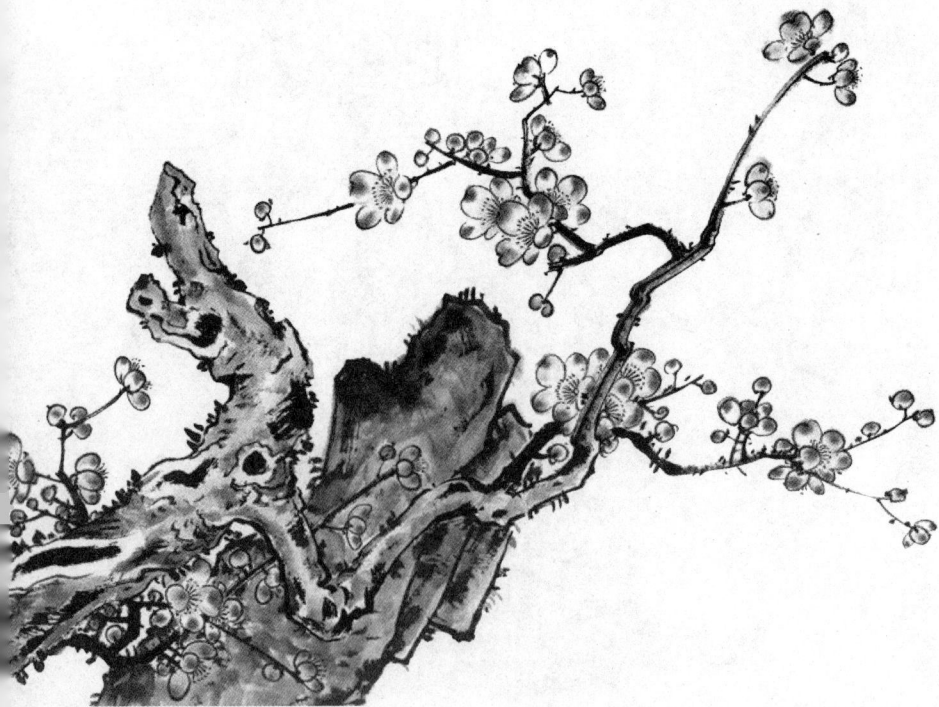

可以免除徭役。

到了汉武帝时期，为了解决财政困难，卖爵、卖官与赎罪制度作为一种应急措施而被采用。例如，元朔五年（前124年），大将军卫青率六将军与十余万军队击右贤王。元朔六年大将军又率六将军击胡，府库耗竭。为了解决财政困难，武帝令有关机构商议"令民买爵及赎禁锢免减罪"，群臣商议后，奏请置武功爵及其他有关的买卖、减罪、补吏、

封官的办法。如武帝时的"入奴婢","入羊"可以买爵、买官、赎罪；又从令民、募民这样做，发展而为令吏也是这样做。这说明从惠帝、文帝、景帝到武帝时卖爵、卖官、赎罪制总的趋势是在发展和扩大之中。

桑弘羊的出色成就，使武帝对他极为信任和重视，一直让他身居朝廷要职。

（六）酒榷令的实行

大司农即以前的大农令。自景帝后

元元年（前143年），始更治粟内史为大农令，直到武帝太初元年（前104年），将大农令改称为大司农，天汉元年（前100年），武帝正式任命53岁的桑弘羊为大司农（原来是兼职）。

在汉代，饮酒之风很盛行，酒的消耗量很大。据司马迁在《史记》中统计，汉代经营的工商业可以致富的共有三十多种行业，而酿酒列于第一等行业，可

见当时酒类的利润之高。天汉三年（前98年）少府丞令建议实行酒榷，就是国家对酒类实行专卖，这一建议得到了桑弘羊的支持，报请汉武帝批准后，就立即付诸实行了。

酒类专卖是武帝实行的最后一项官商垄断经营，也是最早被解除的一项官商专卖经营。酒类专卖当时叫做"榷酤"。什么是"榷酤"呢？"榷"的含义从字面意思来理解是指独木桥，后来转义指专卖而言。"酤"通"沽"，指买酒、卖酒而言。"酤酒"政策就是指汉武帝时期的酒类

专卖政策。酒在中国古代时期就是很盛行的，有很多与酒有关的故事。据说商朝亡国的原因之一就是酗酒，所以周初吸取了这个教训，严禁周朝人酗酒。西汉初期，由于粮食缺乏，所以要节约粮食，在这种情况下就发生了禁止买卖酒的现象。实际上，禁止酒的买卖，是想通过此种政策达到让人们少酿造进而节约粮食的目的。景帝时期，承接高祖以来休养生息的政策，社会经济有所恢复，

粮食也变得充足起来，于是在景帝末年就解除了买卖酒的禁令。文献所记载的西汉解除酒禁就是从景帝后元元年（前143年）开始的。于是才有了武帝时期多次"大酺五日（大聚饮）"的记载。当朝廷遇到大的礼仪活动时也有赐民牛、酒的现象。随着酒禁的解除和酿酒业的逐渐发展，"酒"在人们生活中成为了一种最普通、最常见的日常生活用品。酒类酿造与买卖也成为了一项能够获利的事业。

酒类虽然成为一种发财之道，但是，

在武帝时期由于国家政治经济条件所迫，不得不进行了改革。一是长期对匈奴的战争虽取得了重大胜利，但是对国家财政的消耗也是空前的，为此，在武帝元狩四年到元封年间进行了多项经济改革措施，盐铁官营、均输都是在这样背景下实施的。二是元封年间以后，朝廷的开支虽然没有了大规模的军用支出，但是从元封元年开始武帝又进行了大规模的封禅活动，每五年就要去泰山祭祀。每次的花费都是巨大的。三是元封二年堵塞黄河瓠子决口后，在全国兴起了一

个兴修水利的高潮，花费了巨大的人力、物力。四是元封以后水旱灾荒频繁，有时受灾面积大、灾情重、流民多，赈济灾民也是一笔巨大的开支。另外，汉武帝奢侈、挥霍无度的生活也加剧了国家财政的拮据。

天汉二年李广利击大宛，李陵率步卒五千投降匈奴，此时国内又出现了财政困难。天汉三年（前98年）春"初榷酒沽"，开始禁止民间酿酒、买酒，于是这一财源为国家所垄断。自从朝廷开始垄断酒的专卖后，普通百姓不得卖酒了。

此后，酒类专卖就成为汉武帝后期设置的官营专卖事业。

公元前 87 年汉武帝去世后，昭帝始元六年（前 81 年）二月召开的盐铁会议上，贤良文学就开始批判武帝时期的经济措施，并提议罢黜盐铁官营、均输平准、酒类专卖等经济改革措施。这年七月，朝廷下令最先罢了"榷酤令"，取消了酒类专卖，而其他的经济改革措施仍然保留了下来。

四、盐铁会议

（一）雄辩之才

汉武帝从巩固和发展统一的中央集权的专制主义制度的政治需要出发，坚决采用了革新的政治措施，强化了中央集权制度，并以全力抗击了匈奴，改变了北方强敌压境的局面。而桑弘羊则完全站在武帝一边，他从财政经济的具体措施上，帮助汉武帝制定并贯彻执行了一系列对内对外的经济政策。特别是掌握全国经济命脉的盐铁官营政策，有力地支持了汉武帝的政治主张。这种官营政策，是汉武帝利用国家政权，在经济上进一步铲除奴隶制残余，巩固和发展封建生产关系的一项重要措施，是汉朝富国强兵的基础。因此，它必然遭到一些富商大贾以及在政治思想上有不同倾向者的强烈反对。早在元狩年间开始设立盐铁官时，就引起了一连串的"沮事之议"。董仲舒和司马迁首先在理论上提出反对意见，董仲舒主张盐铁皆归于民；司马迁则把武帝一代的经济政策尽量列举，予以贬责。并引用卜式的话"烹弘羊，天乃雨"来表示对桑弘羊的怨愤。另一方面为受到打击的代表人物如蜀卓氏，南阳孔氏等富商大贾树碑立传。种种情景说明武帝的经济财政政策受到的反抗是一直存在的。武帝死后，昭帝时，又提出"罢盐铁""退权力"的主张。利用政

府诏举贤良文学"问以民间疾苦"的机会，极力反对武帝以前的政治措施。著名的盐铁会议就是这样产生出来的。

所谓盐铁会议，不仅是讨论盐铁问题，凡是汉武帝所实行的一切财政经济措施如均输平准、币制改革、酒类专卖等政策，都在讨论之列，甚至对于重刑罚还是重德教，重农还是重商，抗匈还是和亲等问题也进行了激烈的争论。所以这次会议是一次不同政治主张者的辩论会。

这次会议是在汉昭帝始元六年（前81年）举行的。在这一年，杜延年看到了武帝留下的即将败落的社会景象，屡次向霍光提及，认为国家连年歉收，人民四处流浪无法还乡，应该重修文帝时的节俭之政。霍光采纳了他的意见，因此诏令郡国贤良文学，讨论民间疾苦。

在这次会议上，政府方面的大臣有丞相田千秋、御史大夫桑弘羊及丞相史、

御史等。在地方代表方面，留下姓氏的贤良文学有茂陵唐生、文学鲁万生、九江祝生等共六十余人。丞相田千秋是这次会议的主持人，但他发言不多，只是在双方辩论激烈的时候，讲一些折中调解的话。政府方面的主要发言人，是御史大夫桑弘羊，他紧密结合当时政治经济形势，运用商鞅、韩非等思想家的学说，以雄辩的口才舌战诸贤良文学，共发言一百一十四次，把贤良文学驳得无言以对。

这次会议是分两个阶段进行的，第一次以盐铁、均输、酒榷等财政经济政策的兴废为讨论的主题。贤良文学主张罢黜，而桑弘羊反对罢黜。结果，政府方面允许罢去酒类专卖这一政策，而其他的则加以保留。会议结束之后，贤良文学要返回郡国时，他们向丞相和御史大夫辞行，因为前一段讨论激烈，言犹未尽，所以在辞行的时候，又接着进行了辩论，这可以算是非正式的讨论会。这次以匈奴问题为中心，桑弘羊认为应该继续完成武帝遗志，而贤良文学予以否定。在这次会议中，双方还讨论了是重罚还是应重德教的问题。

这次会议讨论的问题涉及面很广，当时汝南人桓宽根据会议的发言，将其记录整理成《盐铁论》一书，所以一般都把这次会议叫做"盐铁会议"。这次会议是以桑弘羊为代表的政府一方与以贤良文学为代表的民间一方对汉武帝时期推行的各项政策进行的讨论和评价。霍光非常重视这次会议，但是他没有出席这次会议。从他当政后施行的政策看，他是按汉武帝轮台诏的精神进行的。这

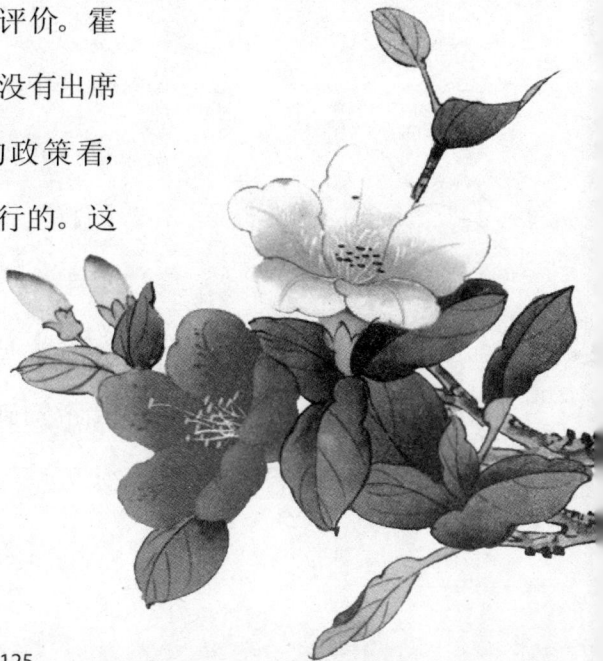

也是他与桑弘羊在政见上的分歧所在。所以，这次会议从政治上来说，是有利于霍光而不利于桑弘羊的。但是桑弘羊的雄辩口才使其在理论上仍处于上风，汉朝的国家政策决定权也没有完全掌握在霍光手中。

盐铁会议结束后，一场迫害桑弘羊的阴谋便在孕育之中了。元凤元年（前80年）九月，霍光指使杜延年、杨敞诬陷桑弘羊勾结燕王刘旦（武帝之子，昭帝之兄）谋反，对桑弘羊下了毒手。于是桑弘羊及其家人都惨遭冤杀。在这起事件中，上官桀也没有逃出霍光的手掌，也一同被杀。于是，排除异己之后，霍光将更大的权力掌握在自己的手中。桑弘羊死后，西汉王朝的法家路线在昭帝和宣帝时又继续执行了三十多年。直到元帝刘奭即位后（前48年），儒家路线才又占了统治地位。

桑弘羊虽然惨遭不幸，但是他辅佐

汉武帝执行的法家路线和各项政策，对
维护国家统一、巩固新生的封建制度、
抗击匈奴的侵扰、消除复辟和分裂危险，
作出了重要的贡献。他是上升时期的地
主阶级的政治代表，执行了一条正确的
法家路线。在一定程度上反映了当时广
大人民群众的要求，使他们取得了重大
的成就。但同时，他作为地主阶级的代表，
与农民阶级的关系是统治与被统治、压
迫与被压迫、剥削与被剥削的关系，他
们之间的矛盾是不可调和的。武帝时期
已经有局部的农民起义，元帝以后，这
两个阶级的矛盾越来越尖锐，最终导致
了西汉王朝的覆灭。

（二）经济思想

桑弘羊在盐铁会议中，充分阐明了
自己的经济观点，他非常重视工商业的
作用。桑弘羊认为，工商业和农业一样，

是人们生活中不可缺少的。各种各样的"养生送终之具"必须"待商而通，待工而成"。如果没有工商业，就不利于农业的发展，满足不了社会生活的需要。因此，"工不出，则农用乖；商不出，则宝货绝。农用乏，则谷不殖；宝货绝，则财用匮"。正因如此，桑弘羊认为发展工商业也能使国家致富。"富国非一道"，不一定是非搞农业不可。

桑弘羊作为封建国家的财政主管，主张由国家"塞天财，禁天市"，垄断山海之利，垄断铸币和直接从事工商业活动，以取得支配社会经济生活的轻重之势，使"天下之下我高，天下之轻我重"，然后由国家利用轻重之术，即通过控制商品、货币流通等经济手段，在国内排斥富商大贾，"建本抑末，离朋党，禁淫

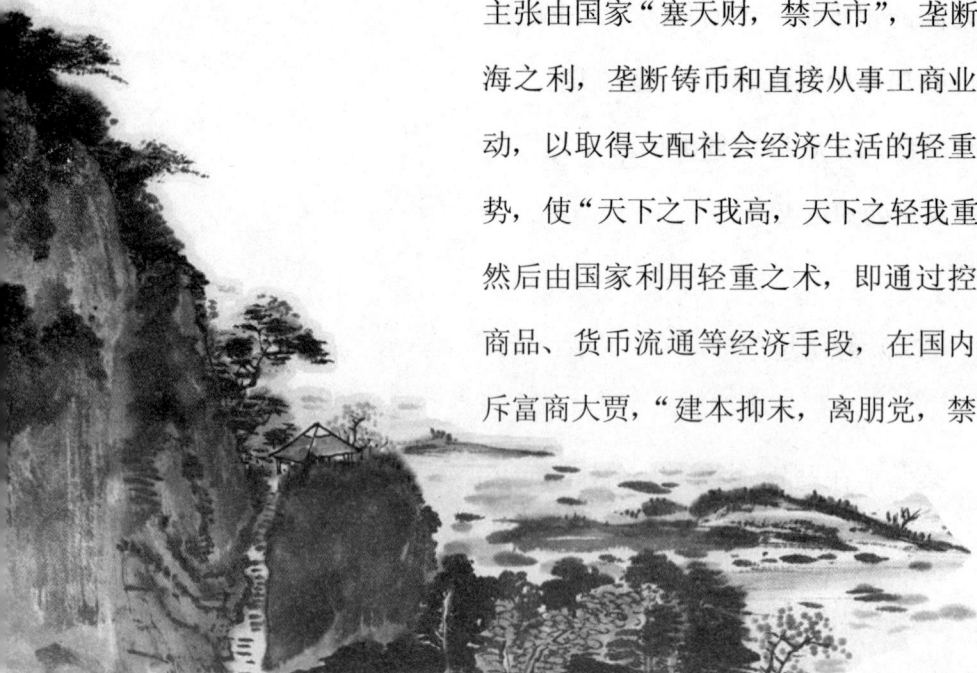

侈，绝并兼之路"。在国外则损敌国之用，使"外国之物内流而利不外泄"，实现富国除害双重目的。同时，桑弘羊还提倡扩大消费，认为"古者宫室有度，舆服以庸；采椽茅茨，非先王之制也"。而且，桑弘羊还把官营经济事业扩展到农业领域，赞同广兴屯田。

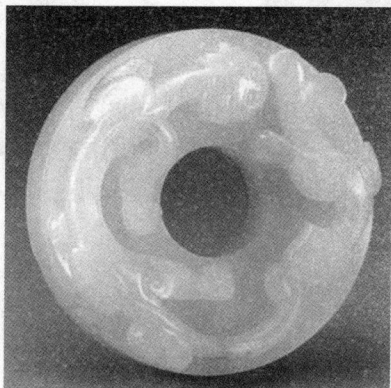

总之，轻重论在汉武帝时期经过桑弘羊的充实和推广，已扩充为包括轻重之势、轻重之术的封建国家宏观经济管理体系，他是以管子的思想为主、兼融各家思想的结晶。轻重论主张由国家扩大财源而不增加百姓赋役，对国家经济活动的管理和调控不可单纯依靠行政命令，必须运用经济规律，这些思想都具有一定的科学性和可行性，对后来的社会产生了巨大影响。但是轻重论强调流通而不重视生产，认为富国不可只依靠农业，只要通过轻重政策控制流通领域才能起到决定作用。

五、评价桑弘羊

桑弘羊从他 13 岁在武帝身边做侍中起，到他惨遭冤害为止，也就是在汉武帝当政期间，和在昭帝即位后最初几年，他是支持和执行汉武帝的政治改革措施的，但由于受到崇尚的世界观的驱使，到了晚年在政治上失足，以致身败名裂。

桑弘羊死后，在如何评价桑弘羊的问题上有着很大的争论。儒家对桑弘羊这个法家思想的代表人物进行了诽谤和攻击。宣帝时，桓宽所记的《盐铁论》

虽然比较完整地保存了盐铁会议上政府与地方辩论的问题和内容，但是桓宽的立场是倾向于儒家的，他有意贬低桑弘羊。东汉班固在《汉书》中也不为桑弘羊立传。宋代司马光曾诋毁桑弘羊"不增加赋税国家就能充足，这不过是设法用隐性的、转嫁的手段来加重人民的负担，它所带来的害处要远远超过加重赋税所带来的后果"。苏轼也咒骂桑弘羊"法术不正""民受其病"。

然而后代的许多法家和进步思想家

则充分肯定了桑弘羊的历史功绩。北魏
贾思勰说："桑弘羊实行的均输法利国利
民，是一项伟大的经济措施。"唐朝的
刘晏曾把自己的理财政策比作桑弘羊的
"重兴功利"。北宋的王安石则说："能使
天下之物互通有无、均济贫乏的人，只
有汉代桑弘羊和唐代刘晏最适合。"这实
际上是在赞扬桑弘羊和刘晏的功绩，同
时也在为自己的变法制造新的舆论。明
代李贽则把桑弘羊列入了"富国名臣"

的行列。由于历史和阶级的局限，对桑弘羊的评价不可能完全准确。研究桑弘羊的一生及其思想，要从当时的历史条件和社会现实出发，力争将其放在整个社会这个大环境之中，从而给予比较合理和正确的评价。